詞華集

日だまりに

女子パウロ会編

女子パウロ会

はじめに

きょう、あなたは笑顔の人に何人か出会いましたか?

気持ちが沈んだり、こころやからだが萎《な》えているとき、もし笑顔を向けてくれる人に出会えたなら、たとえ言葉をかわすことがなくても、なんだか嬉しくなってくるものです。

この詞華集には、そんな、こころがふっと明るくなるような詩や言葉を集めてみました。


1章では「こころ」。こころの深み、感謝、笑顔、涙、苦しみ、愛の言葉を。

2章では「〝わたし〟さがし」。世界でただ一人の〝わたし〟に関する言葉を。

3章では「いのち」。生きる姿や、だれもが避けられない老いや病む日の言葉を。

4章では「夢」。旅立つ若者たちの詩や、夢に立ち向かう人びとの言葉を。

5章では「祈り」。生涯の支えともなる、祈りの数々を。

それぞれの言葉や詩は、作者の心の深みに秘められた真実から生まれたものです。それらはまた、多くの人が感じたり、伝えたくても表現しえないでいる言葉と重なっているのではないでしょうか。ですから作者の鋭い感性と、選びぬかれた言葉は、きっと共感をもって受けとられ、心に響くものがあると思います。

折に触れ、これらの詩の一節を口ずさむことで、ふと忘れていた自分を取り戻すこともあるでしょう、懐かしい思い出とともに。同じ詩でも、不思議とその時の心のもちようで琴線に触れる箇所が違い、そんな自分の新鮮さにも驚きながら、くり返し開く楽しみを発見するかもしれません。

たくさんの人びとに愛唱されている歌も、初めて知るような素敵な祈りもあります。未知の世界に旅立つ若者の情熱。人生の途上でだれもが感じるさびしさや孤独。老いを穏やかに受けとめながら、静かに自分の道を歩みつづける人生の先輩の言葉もあります。

自分にピンとくる好きな言葉に出会ったらその隣にも進んで、まだ見ぬ多くの人の世界へと、おもいを広げていただければさいわいです。

もくじ

―詞華集　日だまりに―

平和への祈り

1章

こころ

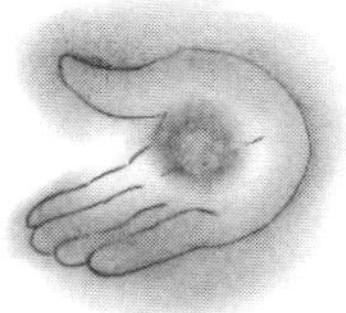

水のこころ

高田敏子

水は　つかめません
水は　すくうのです
指をぴったりつけて
そおっと　大切に——

水は　つかめません
水は　つつむのです
二つの手の中に
そおっと　大切に——

水のこころ　も
人のこころ　も

日が照ってなくても

作者不詳

わたしは　日が照ってなくても
太陽があることを信じます
わたしは　独りぼっちでも
愛があることを信じます
わたしは　神さまが何も答えてくださらなくても
神さまとともにいることを信じます

第二次世界大戦中、ユダヤ人たちが身を隠していたドイツのケルンの地下室に走り書きされていた詩

しおん

星野富弘

ほんとうのことなら
多くの言葉はいらない
野の草が
風にゆれるように
小さなしぐさにも
輝きがある

明日は明日　　聖書

野の花がどのように育つのか、注意して見なさい。働きもせず、紡ぎもしない。しかし、言っておく。栄華を極めたソロモンでさえ、この花の一つほどにも着飾ってはいなかった。今日は生えていて、明日は炉に投げ込まれる野の草でさえ、神はこのように装ってくださる。まして、あなたがたにはなおさらのことではないか。

明日のことまで思い悩むな。明日のことは明日自らが思い悩む。

（マタイ6・28－30、34）

それにしても、喜びと幸福はなんと人間を美しくするものか！
なんと心は愛にわき立つものか！

ドストエフスキー

一番「これ　いいなあ」と思ったのは、
友達同士で遊ぶときに「あいつ呼ぼうぜ」と言われる存在、
というやつなんです。

糸井重里

満足感は、謙虚で静かな心の中にしか住みつかないもの。

イサク・ウォルトン

いつも喜んでいなさい。

絶えず祈りなさい。
どんなことにも感謝しなさい。

聖書（Iテサロニケ5・16－18）

忘恩は雑草のごとく自然、感謝はバラのようなものだ。
バラは、肥料や水をやり、培養し、愛し、
かつ、保護してやらなければならない。

デール・カーネギー

結婚は、我慢と努力と感謝よ。

青木チエ

日が暮れる。これまでのすべてに「感謝！」
これからのすべてに「はい！」

ダグ・ハマーショルド

笑顔こそ

水谷孝次

笑顔こそ最高のデザインだ
デザインとは
人をしあわせにすること
社会をしあわせにすること
そして　地球をしあわせにすること

その人の笑顔を見るだけで、
なんだかしあわせな気分になれる人がいるなら、
その人の周りにはたくさんの人が集まって、
いろんなことが活発になるはずです。

「笑顔を見るだけで、やる気になる。
落ち込んでいた気分に、いいアイディアが浮かぶ。
なんか困ったことがあった時には、
その人の笑顔を見に行けばいい、
きっと、何かいい方法を思いつくから。」
そんな評判の人も、世の中にはいることでしょう。
そんな人が自分の周りに一人でもいたら、ラッキーですよ。
いますか？
もちろん、自分が、そんな人になるって方法もあります。

アートディレクターとして世界的な働きをすると同時に、
世界二十六か国で三万人の笑顔を撮影。

名言 † 涙

気持ちが萎《な》え、時には涙することもあった。

だが、涙を恥じることはない。

この涙は苦しむ勇気をもっていることの証《あかし》だからだ。

『夜と霧』ヴィクトール・フランクル

「負けました」

と言って頭を下げるのが正しい終了の仕方、
つらい瞬間です。でも、

「負けました」とはっきり言える人はプロでも強くなる。

これをいい加減にしている人は上にいけません。

谷川浩司

泣くことを恐れるな。

涙は心の痛みを流し去ってくれるのだから。

ホピ族の格言から

俺は落胆するより次ぎの策を考えるほうの人間だ。

坂本龍馬

いろいろ経験を積んできたし、訓練もしてきたが、
どんなに訓練を積んでいても、ミスは避けられないという
実感を抱いている。

羽生善治

わたしは　悲劇を愛する。
悲劇の底には何かしら美しいものがあるからこそ、
わたしは悲劇を愛するのだ。

チャップリン

カルロの苦悩

アルトゥール・シュニッツラー

……そして、前には、太陽の光や、懐《なつ》かしい山水に接すると、カルロは胸が一杯になって、焼けつくように苦しかったが、こう年つきが過ぎたあとでは、もうさして感じなくはなっていたけれど、それでも常に食い入るような、切ないおもいが、ちょうど心臓の鼓動《こどう》や、呼吸のように、絶えず無意識に、彼の心の中にあった。だから、ジェロニモが酒に酔っている時は、彼にはかえってうれしかった。

小さい時、思いがけなく弟を盲目にしてしまったカルロ。兄弟の苦しい旅が始まり、そで乞いの流浪の生活も二十年になる今……　『盲目のジェロニモとその兄』より

なみだいけ

内田麟太郎

ひとはなきながら
なきつづけながら
こころになみだいけをこしらえていく

ひっそりとなこうとも
かくれてなこうとも
なみだはいけになる

ひとはなみだのなくなるひをねがう
そんなひのくることをねがう
だが　あるひ　きづく

かなしみこそなきひとにつながるものと

いけにうつるしろいくも
いけにうつるなつかしいひとびと
ほほえみながら
かけながら
うなずきながら

ひとはなみだのいけをだいていきる
たいせつにだきかかえ
こぼさないようにゆっくりとあゆむ

愛は家庭から

マザー・テレサ

愛はどこから始まるのでしょう。
家庭からです。
家族がいっしょに暮らしている家庭から
愛は始まるのです。
子どもたちが、家庭を愛するこころをもてるように努めましょう。
たくさんの時間を家族と過ごすように。
もし人びとがほんとうに家族を愛するならば、
多くの過ちが避けられるでしょう。

愛するとは、あなたが苦しむとき、
わたしも痛むということ。

アベ・ピエール

ふやすなら微笑《ほほえ》みのしわを

日野原重明

冷たくなってしまった愛も、
また燃えたたせることができます。

セーレン・キェルケゴール

美しい唇であるために　美しい言葉をつかい、
美しい瞳であるために　他人の美点を捜す努力を。

オードリー・ヘップバーン

わたしがあなたがたを愛したように、互いに愛し合いなさい。
これがわたしの掟である。友のために自分の命を捨てること、
これ以上に大きな愛はない。

聖書（ヨハネ15・12－13）

生涯の終わりに、
評価されるのは愛だけである。

テゼ共同体の規律より

わたしを思い出してください。わたしがあなたを思い出しているように。
時も場所も関係なく、いつも変わることのない優しさで。
人のもち得るかぎりの優しさで。

ポルティア・アダムス

祝婚歌

吉野　弘

二人が睦まじくいるためには
愚かでいるほうがいい
立派すぎないほうがいい
立派すぎることは
長持ちしないことだと気付いているほうがいい
完璧《かんぺき》をめざさないほうがいい
完璧なんて不自然なことだと
うそぶいているほうがいい
二人のうちどちらかが
ふざけているほうがいい
ずっこけているほうがいい
互いに非難することがあっても

非難できる資格が自分にあったかどうか
あとで
疑わしくなるほうがいい
正しいことを言うときは
少しひかえめにするほうがいい
正しいことを言うときは
相手を傷つけやすいものだと
気付いているほうがいい
立派でありたいとか
正しくありたいとかいう
無理な緊張には
色目を使わず
ゆったり　ゆたかに
光を浴びているほうがいい

健康で　風に吹かれながら
生きていることのなつかしさに
ふと　胸が熱くなる
そんな日があってもいい
そして
なぜ胸が熱くなるのか
黙っていても
二人にはわかるのであってほしい

2章

〝わたし〟さがし

一人ひとりに

聖テレーズ

ちょうど太陽の光が
杉の大木と同時に
小さな花の一つひとつを
まるでこの地上には
その花しかないかのように照らすのと同じで
主も一人ひとりに
まるでその人以外だれもいないかのように
特別なこころをお配りになります

わたしを束ねないで

新川和江

わたしを束《たば》ねないで
あらせいとうの花のように
白い葱《ねぎ》のように
束ねないでください　わたしは稲穂
秋　大地が胸を焦がす
見渡すかぎりの金色《こんじき》の稲穂

わたしを止《と》めないで
標本箱の昆虫のように
高原からきた絵葉書のように
止めないでください　わたしは羽撃《ばた》き

こやみなく空のひろさをかいさぐっている
目には見えないつばさの音

わたしを注《つ》がないで
日常性に薄められた牛乳のように
ぬるい酒のように
注がないでください　わたしは海
夜　とほうもなく満ちてくる
苦い潮《うしお》　ふちのない水

わたしを名付けないで
娘という名　妻という名
重々しい母という名でしつらえた座に
坐りきりにさせないでください　わたしは風

りんごの木と
泉のありかを知っている風

わたしを区切らないで
，《コンマ》や・《ピリオド》　いくつかの段落
そしておしまいに「さようなら」があったりする手紙のようには
こまめにけりをつけないでください　わたしは終りのない文章
川と同じに
はてしなく流れていく　拡がっていく　一行の詩

あなたの名を呼ぶ　　　聖書

あなたはわたしのもの。
わたしはあなたの名を呼ぶ。（イザヤ43・1）

わたしの目にあなたは価高く、貴い。（イザヤ43・4）

わたしがあなたを忘れることは決してない。
見よ、わたしはあなたを
わたしの手のひらに刻みつける。（イザヤ49・15－16）

パンの飢えだけでなく

マザー・テレサ

きょう食べ物がないということだけが飢えだと思い、
家がないとホームレスだと思うかもしれません。
しかし、だれもが愛に飢え、
自分がだれかにとって
大切な人でありたいと思うものです。
現代世界はパンに飢えるだけでなく、それ以上に、
人間の尊厳に飢え、
愛されることに飢えているのです。

あなたの星を

ヤコブ・アルベリオーネ

生涯の使命を、いつも眼前におきなさい。
人生を歩むあなたの星として。
それは生涯の理想、あなたの存在理由、
あなたの生が終わるときに問われること、
あなたがそのために存在し、考え、働いていることです。
その成功のために全力を傾けなさい。
あなたは、そこにこそあなた自身を見いだし、
勇気と、力と、やり遂げる忍耐を
得ることができるでしょう。

演奏家のこころ

柳家小三治

音楽を聴くことは、演奏家のこころを聴くこと。
何げないメロディーの一節に、
演奏家の思索や人格、楽しさや苦しみが聞こえてこなければ、
すべてが音符で決まっているクラシック音楽を
だれがおもしろいと思うだろう。
名指揮者シャルル・ミュンシュ（について）。
「たわいのないところがいい。
何と言われようが、自分の思うがまま。
なんのてらいもなく、自らのこころのままをぶつけていく。
それは　聴いていて誠に心持ちのいいもの。」

ぼくの魂はダイジョウブカ？
飛ぶための羽は　きちんと手入れしてあるか？

佐野元春

福島第一原発の事故で、いま福島県を中心に多数の人々が被曝させられています。私はこんな事故が起こる前に原子力を廃絶したいと四十一年間生きてきましたが、願いは叶いませんでした。
絶望しそうになりますが、絶望した時が最終的な負けの時でしょう。
困難な状況でも自分を恥じないように生きたいと願います。

小出裕章

魂でサッカーを愛した男を　覚えておいてほしい。

引退試合後のセレモニーで　ラモス・瑠偉

あれになろう、これになろうと焦るより、富士のように、
黙って自分を動かないものにつくりあげろ。

『宮本武蔵』吉川英治

自分自身の道を歩いて迷っている子供や青年のほうが、他人の道を
間違いなく歩いている人びとよりも好ましく思える。

ゲーテ

この道や行く人なしに秋の暮

芭蕉

本を見る、いけません。ただあなたの話、あなたの言葉、
あなたの考えでなければいけません。

小泉八雲

あしあと

マーガレット・F・パワーズ

ある夜、わたしは夢を見た。
わたしは、主とともに、なぎさを歩いていた。
暗い夜空に、これまでのわたしの人生が映し出された。
どの光景にも、砂の上にふたりのあしあとが残されていた。
一つはわたしのあしあと、もう一つは主のあしあとであった。
これまでの人生の最後の光景が映し出されたとき、
わたしは、砂の上のあしあとに目を留めた。
そこには一つのあしあとしかなかった。
わたしの人生でいちばんつらく、悲しい時だった。
このことがいつもわたしの心を乱していたので、
わたしはその悩みについて主にお尋ねした。
「主よ。わたしがあなたに従うと決心したとき、

あなたは、すべての道において、わたしとともに歩み、
わたしと語り合ってくださると約束されました。
それなのに、わたしの人生のいちばんつらい時、
ひとりのあしあとしかなかったのです。
いちばんあなたを必要としたときに、
あなたが、なぜ、わたしを捨てられたのか、
わたしにはわかりません。」
主は、ささやかれた。
「わたしの大切な子よ。
わたしは、あなたを愛している。あなたを決して捨てたりはしない。
ましてや、苦しみや試みの時に。
あしあとがひとつだったとき、
わたしはあなたを背負って歩いていた。」

やさしさや女らしさ

丸岡秀子

やさしさや女らしさは、責任を伴うものでなければならないと思う。この責任感は、自分をしっかり認め、自分を大切にし、自分の生き方に価値をおいて生きる生活態度、独立の精神によって出てくるもので、決してなまやさしいものではない。

わたしは、村の青年学級の集まりのあと、二、三人の娘さんたちと、そんなことを話し合ってみた。娘さんたちのハキハキした発言はまた、ハキハキした生活態度を根底にもっていた。自分の立場を大切にすることは、また相手の立場を大切にすることだという態度がうかがわれ、そのような自主性に裏づけられたやさしさは、また本当の意味の女らしさだと、わたしは思った。

それから二、三日おいて訪ねてきた青年たちは「村の女子青年はいいでしょう」と、まるで自分のことのように自慢していた。「こういう人とこそ協力できる」と語っていた。

『いのちへの責任―丸岡秀子評論集I』より

3章 いのち

病気になったら

晴佐久昌英

病気になったら　どんどん泣こう
痛くて眠れないといって泣き
手術がこわいといって涙ぐみ
死にたくないよといって　めそめそしよう
恥も外聞もいらない
いつものやせ我慢や見えっぱりを捨て
かっこわるく涙をこぼそう
またとないチャンスをもらったのだ
自分の弱さをそのまま受け入れるチャンスを

病気になったら　おもいきり甘えよう
あれが食べたいといい

こうしてほしいと頼み
もうすこしそばにいてとお願いしよう
遠慮も気づかいもいらない
正直に　わがままに自分をさらけだし
赤ん坊のようにみんなに甘えよう
またとないチャンスをもらったのだ
思いやりと　まごころに触れるチャンスを

病気になったら　心ゆくまで感動しよう
食べられることがどれほどありがたいことか
歩けることがどんなにすばらしいことか
新しい朝を迎えるのがいかに尊いことか
忘れていた感謝のこころを取りもどし
この瞬間自分が存在している神秘

見過ごしていた当たり前のことに感動しよう
またとないチャンスをもらったのだ
いのちの不思議を味わうチャンスを

病気になったら　すてきな友達をつくろう
同じ病を背負った仲間
日夜看病してくれる人
すぐに駆けつけてくれる友人たち
義理のことばも　儀礼の品もいらない
黙って手を握るだけですべてを分かち合える
あたたかい友達をつくろう
またとないチャンスをもらったのだ
試練がみんなを結ぶチャンスを

病気になったら　必ず治ると信じよう
原因がわからず長引いたとしても
治療法がなく悪化したとしても
現代医学では治らないといわれたとしても
あきらめずに道をさがし続けよう
奇跡的に回復した人はいくらでもいる
できるかぎりのことをして　信じて待とう
またとないチャンスをもらったのだ
信じる喜びを生きるチャンスを

病気になったら　安心して祈ろう
天にむかって思いのすべてをぶちまけ
どうか助けてくださいと必死にすがり
深夜　ことばを失ってひざまずこう

このわたしを愛して生み　慈しんで育て
わが子として抱きあげるほほえみに
すべてをゆだねて手を合わせよう
またとないチャンスをもらったのだ
まことの親に出会えるチャンスを

そしていつか　病気が治っても治らなくても
みんなみんな　流した涙の分だけ優しくなり
甘えとわがままを受け入れて自由になり
感動と感謝によって大きくなり
友達に囲まれて豊かになり
信じ続けて強くなり
自分は神の子だと知るだろう
病気になったら　またとないチャンス到来

病のときは恵みのとき

病まなければ　　作者不詳

病まなければ　ささげ得ない祈りがある
病まなければ　信じ得ない奇跡がある
病まなければ　聞き得ないみことばがある
病まなければ　近づき得ない聖所がある
病まなければ　仰ぎ得ない聖顔《みかお》がある
おお　病まなければ　わたしは人間でさえもあり得ない

手

山村暮鳥

しっかりと
にぎっていた手を
ひらいてみた

ひらいてみたが
なんにも
なかった

しっかりと
にぎらせたのも
さびしさである

それをまた
ひらかせたのも
さびしさである

一椀の大根おろし

東條耿一

日夜　病菌の裡《うち》に住へど
かくいのちの在るは嬉しからずや
貧しき一椀の大根おろしを愛《め》ずるは幸ひならずや
われとて何時の日か
父の御許に帰り行くらん
なべてはそれまでの愛の十字架
ああ忘れえぬ人の世の一事ならずや

ハンセン病とのきびしい闘病生活のなかで
『いのちの歌』より

希望と愛が支え

在宅介護者

「もう手のほどこしようがない。」
そう医師に言われても、けっして諦めないことです。
「わたしたちのために元気でいてね！　必ずよくなるからね。」
その、周囲の支えで何年も生きつづける人は多いです。
長い闘病生活をつづける人には、「本当によく耐えているね」と、
尊敬をこめて励まし、その苦しみや不安に寄り添うことができれば！
また、病人にとっての希望は、遠い将来のことではなく、現在の小さな
ことがらが多いのですが、でもそれが今日を生きる糧なのですから、
大切にして、見落とさないようにしたいと思っています。

花はなぜうつくしいか
ひとすじの気持ちで咲いているからだ

『花』八木重吉

頂上への楽な道などない。それなら
わたしは自分なりにジグザグに登ればいい。

ヘレン・ケラー

わたしは待たない。今というこの瞬間を生きる。そして、
それを愛で満たそう。

十三年余の獄中生活の中で　グェン・ヴァン・トゥアン枢機卿

カキクケコの精神で――「カ」は感謝することに照れない。
「キ」は緊張感を楽しむ。「ク」はくつろぐ。「ケ」は決断力。

「コ」は好奇心を持ちつづけること。

塩月弥栄子

おれは助けてもらわねェと、生きていけねェ自信がある!!!

何もできないから仲間に助けてもらうんだ！　だから
おまえに勝てるのだと主人公は敵対者に言い放つ！「ONE PIECE」10巻より　尾田栄一郎

神は、実り豊かな人生を愛されるように、
何の実も結ばなかった人生をもお愛しになる。

アントニー・デ・メロ

わたしたちが、今「さようなら」、と言うのは、
再び会うため。

ジョン・ゲイ

生きる

坂村真民

生きることの
むずかしさ
生きることの
ありがたさ
生きることの
うつくしさ
まかせきって
生きることの
よろこびに
燃えよう

襲った試練　　聖書

あなたがたを襲った試練で、
人間として耐えられないようなものはなかったはずです。
神は真実な方です。
あなたがたを耐えられないような試練に遭わせることはなさらず、
試練と共に、それに耐えられるよう、
逃れる道をも備えていてくださいます。（Ｉコリント10・13）

疲れた者、重荷を負う者は、だれでもわたしのもとに来なさい。
休ませてあげよう。（マタイ11・28）

主は倒れようとする人をひとりひとり支え
うずくまっている人を起こしてくださいます。（詩編145・14）

夜を見守る天使たち

ジョーン・リーランド

静かな夜、
空から吹きつける
風の音が聞こえる。
地上に、いのちと希望を
もたらすために。

夜の海が、空の青さを越えて
とうとうと寄せてきても
天使は、日も夜も、あなたを見守って
いつでも手をさしのべる。

部屋は闇に包まれ

深い夜のなかにある。
どうか神さま、
光でわたしを満たしてください。

わたしは、計り知れない不安に
おののいています。
主よ、わたしのそばに寄りそう天使を
おつかわしください。

主よ、この夜からお守りください。
わたしたちが抱《いだ》くあらゆる不安から
眠っているあいだも、
天使が守ってくださいますように。
あかつきの光がさすまで。

4章

夢

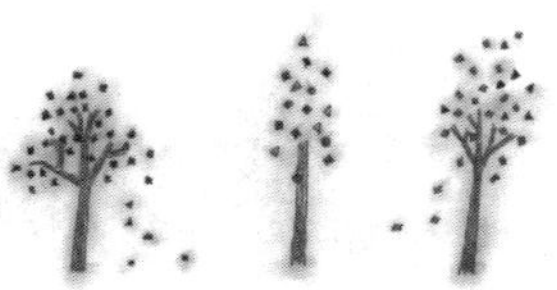

日の光

金子みすゞ

おてんとさまのお使いが、
そろって空をたちました。
みちで出逢《であ》ったみなみ風、
なにしにゆくの、とききました。

ひとりのお使いいいました、
「ひかりの粉を地に撒《ま》くの、
みんながお仕事できるよう。」

ひとりはほんとに嬉《うれ》しそう、
「私はお花を咲かせるの、
世界をたのしくするために。」

ひとりのお使いやさしい子、
「私は清いたましいの、
のぼる反《そ》り橋かけるのよ。」

残ったひとりは寂《さび》しそう、
「私は影をつくるため、
やっぱり一しょにまいります。」

紙風船

黒田三郎

落ちて来たら
今度は
もっと高く
もっともっと高く
何度でも
打ち上げよう

美しい
願いごとのように

キャンドルサービス

昌士

ろうそくの光を見つめ　僕は祈った
あの小さな子らが　いつまでも元気でありますように
僕達のような人間にはなりませんように
僕はろうそくの光をつまんで消した

あれ　自分のことを祈るのを忘れた
今まで他人のことを考えるなんてしなかったのに
これが素直さ?
優しさ?
よくわからないけど
なんかとても気持ちがいい

面会室

友吉

掃除で面会室に入る
一度も入ったことなく
これからも入らないであろう
面会室
ふと　雑巾を持つ手を休め
父との面会の光景を
頭に浮かべる
なぜか
目の前に父がいるような
気がした
先生の声で我に返り
部屋を出る

のぞみ

隆

俺のおふくろは
今　どこで何をやっているのだろう
おふくろがいなくなって
八年の年月がたった
「あのくそババァ早く帰ってこい」と
どなりたくなるのをがまんして
今まで生きてきた
俺はもう十九歳
おふくろはもうオバタリアンに近いのだろうか
いつか　おふくろのやさしい顔がみたい
それだけだ

なりたい

和規

心がこわれるほど
苦しくて
やさしい言葉をかけてくれる人
捜したけれど
どこにもいない
ふと思う
捜すような人間やめて
やさしい言葉をかけられる
そんな人間になりたい

夜に鳴く蟬

祐

いい加減にしろよ
それでなくても暑くて寝苦しい夜なのに
昼間に鳴け　昼間に

しかしお前 昔の俺に似てるな
何をツッパッてんだよ
みんなと同じ昼間に鳴けよ
人間には神経質な人もいるんだぞ
お前のせいで何人もの人が
暑いのに布団をかぶって寝ているんだぞ
わかっているのか　おい蟬
お前は小さな暴走族だな

巣立ち

章

私は今　巣立ち行く鳥
懐《なつ》かしい巣に別れを告げて
自由という大きな空に飛び立つ
しっかりと羽ばたいてゆけるたくましい翼《つばさ》は身に付けたが
あるいはそれはロウで出来た　あのイカロスのような翼
有頂天《うちょうてん》になって後先《あとさき》考えずに昇り過ぎれば
翼は太陽の熱で溶《と》かされ　無惨《むざん》にも地獄《じごく》へ落ちてしまう
今　巣立ち
自分の力を信じて　飛び立とう
この翼を大切にして

旅路を　ケルト人の祝福

旅するあなたの道が
神さまにつながっていますように
風は　いつもあなたの背中を押し
太陽は　あなたの顔を暖かく照らし
雨は　あなたを元気づけてくれますように
神さまといっしょに
旅をつづけていけますように
今も、これからも

今日も明日も、困難が待ち受けている。
しかし、それでも、
わたしには夢がある。

名演説"I have a dream"より　キング牧師

夢は大きく
心は広く　ことばは○《マル》く

上原幸雄

小さいことを積み重ねるのが、
とんでもないところへ行く
ただ一つの道だと思っています。

イチロー

よい踊り手になるには？　心の内から踊ることです。
フラに夢中になっていれば、自然にそうなると思います。

ミス・アロハ・フラに輝いて　トリ・フラリ・カンハ

夢を見られるなら、実現できます。

ウォルト・ディズニー

気高い夢を見ることだ。
あなたは、あなたが夢見たものになるだろう。

ジェームス・アレン

ひらめきは、それを得ようと、長い間準備し、
苦心した者だけに与えられる。

ルイ・パスツール

あの鐘を鳴らすのはあなた

阿久　悠

あなたに逢えてよかった
あなたには　希望の匂いがする
つまずいて　傷ついて　泣き叫んでも
さわやかな　希望の匂いがする
町は今　眠りの中
あの鐘を鳴らすのは　あなた
人はみな　悩みの中
あの鐘を鳴らすのは　あなた

あなたに逢えてよかった

愛しあう心が　戻って来る
やさしさや　いたわりや　ふれあう事を
信じたい心が　戻ってくる
町は今　砂漠の中
あの鐘を鳴らすのは　あなた
人はみな　孤独の中
あの鐘を鳴らすのは　あなた

町は今　眠りの中
あの鐘を鳴らすのは　あなた
人はみな　悩みの中
あの鐘を鳴らすのは　あなた

気負わずに

舟越保武

私は年老い、私は病に打ちくだかれた己自身をふりかえる。
けれども私は、何十年も前に夢みたものに向かって
のろのろと歩み続けるだろう。
私は画紙の前で筆を持たなければならぬ。私は白い紙に向かって
私の線を引かねばならぬ。私が生きているかぎり。
(いくら何でもこれでは格好よすぎるので私は白状しよう。)
……落語を聞き、釣りの本を読む。時々まじめに考える。……
しかし、私が画紙の奥に求める輝かしい白、
それを忘れることはない。
気負わずに私はデッサンを続けている。

5章

祈り

ある兵士の祈り

作者不詳

大きなことを成し遂げたいと
神さまに強さを願ったのに、
いただいたのは　弱さだった、
謙虚を学ぶように、と。

すばらしいことをしたいと
健康を願ったのに、
いただいたのは　病気だった、
もっといいことができるように、と。

幸せになりたいと

富を願ったのに、
いただいたのは　貧困、
もっと賢くなるように、と。

世の人びとから称賛を得たいと
権威を願ったのに、
いただいたのは　弱点、
もっと神さまを求める人になれ、と。

この人生を楽しみたいと
あらゆるものを願ったのに、
与えられたいのちは
あらゆるものを　いつくしむためだった。

願ったものは　なにひとつ　いただけなかったが
心底　もとめていたものは
ききとどけられたのだ。
わたしはもっとも豊かに祝福された！

アメリカの南北戦争で、不治の障がいを身に負った、南軍の一兵士の言葉といわれている。

泉に聴く

東山魁夷

わたしにとって絵を描くということは、
誠実に生きたいと願う心の祈りであろう。
謙虚であれ。素朴であれ。独善と偏執を棄てよ、
と泉はいう。
自己を無にして、はじめて、真実は見えると、
わたしは泉から教わった。
自己を無にすることは困難であり、
不可能とさえわたしには思えるが、
美はそこにのみ在ると
泉は低いが、はっきりした声でわたしに語る。

祈りは、
人間が生み出しうるもっとも強力なエネルギーである。
それは、地球の引力と同じ現実的な力である。

アレクシス・カレル

祈る人は、自分のこころだけではなく、
全世界のこころに深く入り込み、
内なる深みからあふれてくるもっとも無視されがちな声を
懸命に聴き取ろうとする。

トーマス・マートン

ひたすら心を向けること、それが祈りである。

シモーヌ・ヴェイユ

朝早くまだ暗いうちに、
イエスは起きて、人里離れた所へ出て行き
そこで祈っておられた。

聖書（マルコ1・35）

「ありがとう」
一生のうち口にする祈りがこれだけだったとしても、
それだけで十分である。

マエスター・エックハルト

わたしたち自身に信頼しないで
神さまだけにより頼みましょう。
自分だけでは何もできませんが、
神さまといっしょなら、何でもできます。

シスター・テクラ・メルロ

平和への祈り

わたしが一番きれいだったとき

茨木のり子

わたしが一番きれいだったとき
街々はがらがら崩れていって
とんでもないところから
青空なんかが見えたりした

わたしが一番きれいだったとき
まわりの人達が沢山死んだ
工場《こうば》で　海で　名もない島で
わたしはおしゃれのきっかけを落してしまった

わたしが一番きれいだったとき

だれもやさしい贈物を捧げてはくれなかった
男たちは挙手の礼しか知らなくて
きれいな眼差だけを残し皆発っていった

わたしが一番きれいだったとき
わたしの頭はからっぽで
わたしの心はかたくなで
手足ばかりが栗色に光った

わたしが一番きれいだったとき
わたしの国は戦争で負けた
そんな馬鹿なことってあるものか
ブラウスの腕をまくり卑屈な町をのし歩いた

わたしが一番きれいだったとき
ラジオからはジャズが溢れた
禁煙を破ったときのようにくらくらしながら
わたしは異国の甘い音楽をむさぼった

わたしが一番きれいだったとき
わたしはとてもふしあわせ
わたしはとてもとんちんかん
わたしはめっぽうさびしかった

だから決めた　できれば長生きすることに
年とってから凄く美しい絵を描いた
フランスのルオー爺さんのように
ね

平和アピール

ヨハネ・パウロII世

戦争は人間のしわざです。
戦争は人間の生命の破壊です。戦争は死です。
過去をふり返ることは将来に対する責任を担うことです。
神よ、わたしの声を聞いてください。
それは、個人の間、または国家の間でなされた、
すべての戦争と暴力の犠牲者たちの声だからです。

教皇来日の折、広島から全世界にむけたアピールより

クリスチャンの祈り

主《しゅ》の祈《いの》り

天《てん》におられるわたしたちの父よ、
み名《な》が聖《せい》とされますように。
み国《くに》が来《き》ますように。
みこころが天《てん》に行《おこな》われるとおり　地《ち》にも行《おこな》われますように。
わたしたちの日《ひ》ごとの糧《かて》を　今日《きょう》もお与《あた》えください。
わたしたちの罪《つみ》をおゆるしください。
わたしたちも人《ひと》をゆるします。
わたしたちを誘惑《ゆうわく》におちいらせず、
悪《あく》からお救《すく》いください。アーメン。

イエスが弟子たちに教えた祈り。クリスチャンはこの祈りをもっとも大切にしている。

アヴェ・マリアの祈《いの》り

アヴェ、マリア、恵《めぐ》みに満《み》ちた方《かた》、
主《しゅ》はあなたとともにおられます。
あなたは女《おんな》のうちで祝福《しゅくふく》され、
ご胎内《たいない》の御子《おんこ》イエスも祝福《しゅくふく》されています。
神《かみ》の母聖《ははせい》マリア、
わたしたち罪《つみ》びとのために、
今《いま》も、死《し》を迎《むか》える時《とき》も、
お祈《いの》りください。アーメン。

シューベルトやグノーなどの作曲で親しまれ、
広く歌われている有名な「アヴェ・マリア」の祈り

まことのふるさと　聖書

わたしたちの本国は天にあります。（フィリピ３・20）

イエスは言われた。
心を騒がせるな。神を信じなさい。そして、わたしをも信じなさい。
わたしの父の家には住む所がたくさんある。
行ってあなたがたのために場所を用意したら、戻って来て、
あなたがたをわたしのもとに迎える。（ヨハネ14・1－3参照）

わたしの父の御心は、子を見て信じる者が皆
永遠の命を得ることであり、わたしがその人を終わりの日に
復活させることだからである。（ヨハネ６・40）

最上のわざ

作者不詳

この世の最上のわざは何?
楽しい心で年をとり、
働きたいけれども休み、
しゃべりたいけれども黙り、
失望しそうなときに希望し、
従順に、平静に、おのれの十字架をになう――。

若者が元気いっぱいで神の道をあゆむのを見ても、ねたまず、
人のために働くよりも、けんきょに人の世話になり、
弱って、もはや人のために役立たずとも、
親切で柔和であること――。

老いの重荷は神の賜物。
古びた心に、これで最後のみがきをかける。
まことのふるさとへ行くために――。
おのれをこの世につなぐ鎖を少しずつはずしていくのは、
真にえらい仕事――。

こうして何もできなくなれば、
それをけんそんに承諾するのだ。
神は最後にいちばんよい仕事を残してくださる。
それは祈りだ――。
手は何もできない。けれども最後まで合掌できる。
愛するすべての人のうえに、
神の恵みを求めるために――。

すべてをなし終えたら、
臨終の床に神の声をきくだろう。
「来なさい、わが友よ。
わたしはあなたを見捨てない」と――。

ドイツに帰国したイエズス会のホイヴェルス神父が、
南ドイツで友人からもらった詩

あとがき

たくさんの美しい言葉、詞、詩から選ばれてできたこの詞華集が、なにかよいものをお届けできたでしょうか。

孤独と苦悩は人間の条件だといった作家がいました。思いどおりにはいかないことが多い日々の生活のなかで、心配事はひとまずおいてふと開いたページの言葉が、暖かな日だまりのように気持ちをやわらげて、「さあ、一歩踏み出そうか」と、勇気をださせてくれるなら、とてもうれしく思います。

この詞華集ができるまで知人、友人の多大な助けを得ました。資料の提供、意見や感想や助言、そして力強いお祈りと励ましをいただきました。本当にありがとうございました。こころからお礼を申し上げます。

二〇一二年一月二十五日　聖パウロの回心の祝日に

女子パウロ会編集部

＊聖書の引用は、日本聖書協会の『聖書　新共同訳』を使用させていただきました。
＊詩以外の詞の小タイトルは編集部がつけたものです。

P85 シスター・テクラ・メルロ：1894 ～ 1964 年　修道女　聖パウロ女子修道会をヤコブ・アルベリオーネ神父と共に創立。

平和への祈り

P86 わたしが一番きれいだったとき／茨木のり子（いばらぎ　のりこ）：1926 ～ 2006 年　詩人、童話作家、エッセイスト

P89 平和アピール／ヨハネ・パウロⅡ世：1920 ～ 2005 年　264 代ローマ教皇

クリスチャンの祈り

P90 主の祈り

P91 アヴェ・マリアの祈り

P92 まことのふるさと／聖書（フィリピ３・20、ヨハネ 14・１-３参照、ヨハネ６・40）

P93 最上のわざ／作者不詳

P57 アントニー・デ・メロ：1931 〜 1987 年　インド人のイエズス会司祭
P57 ジョン・ゲイ：1685 〜 1732 年　詩人、劇作家
P58 生きる／坂村真民（さかむら　しんみん）：1909 〜 2006 年　詩人、随筆家
P59 襲った試練／聖書（Ｉコリント 10・13、マタイ 11・28、詩編 145・14）
P60 夜を見守る天使たち／ジョーン・リーランド：『聖書の中の天使たち』（女子パウロ会）

4章 §夢

P64 日の光／金子みすゞ（かねこ　みすず）：1903 〜 1930 年　詩人
P66 紙風船／黒田三郎（くろだ　さぶろう）：1919 〜 1980 年　詩人
P67 少年院から旅立つ若者たちの詩
キャンドルサービス／昌士（まさし）　面会室／友吉（ともきち）　のぞみ／隆（たかし）　なりたい／和規（かずのり）　夜に鳴く蝉／祐（ゆう）　巣立ち／章（あきら）　以上、仮名『雨のふる日はやさしくなれる』（平凡社）から
P73 旅路を／ケルト人の祝福
― 名言†夢 ―
P74 キング牧師：1929 〜 1968 年　アフリカ系米人の公民権運動の指導者
P74 上原幸雄（うえはら　ゆきお）：1939 年〜　奈良井宿民芸店店主
P74 イチロー：1973 年〜　プロ野球選手
P75 トリ・フラリ・カンハ：最高峰のフラダンサー
P75 ウォルト・ディズニー：1901 〜 1966 年　プロデューサー、映画監督
P75 ジェームス・アレン：1864 〜 1912 年　作家、自己啓発
P75 ルイ・パスツール：1822 〜 1895 年　生化学者　細菌学者
P76 あの鐘を鳴らすのはあなた／阿久　悠（あく　ゆう）：1937 年〜 2007 年　作詞家、放送作家、詩人、小説家
P78 気負わずに／舟越保武（ふなこし　やすたけ）：1912 〜 2002 年　彫刻家

5章 §祈り

P80 ある兵士の祈り／作者不詳
P83 泉に聴く／東山魁夷（ひがしやま　かいい）：1908 〜 1999 年　画家
― 名言†祈り ―
P84 アレクシス・カレル：1873 〜 1944 年　ノーベル生理学医学賞受賞
P84 トーマス・マートン：1915 〜 1968 年　トラピスト会司祭
P84 シモーヌ・ヴェイユ：1909 〜 1943 年　哲学者
P85 聖書（マルコ１・35）
P85 マエスター・エックハルト：1260 ころ〜 1328 年ころ　中世ドイツの神学者

2章 § 〝わたし〟さがし

P32 一人ひとりに／聖テレーズ：1873 ～ 1897 年　修道女、教会博士

P33 わたしを束ねないで／新川和江（しんかわ　かずえ）：1929 年～　詩人

P36 あなたの名を呼ぶ／聖書（イザヤ 43・1、4　49・15－16）

P37 パンの飢えだけでなく／マザー・テレサ：既述

P38 あなたの星を／ヤコブ・アルベリオーネ：1884 ～ 1971 年　カトリック司祭　聖パウロ修道会ほか、パウロ家族と呼ばれる修道会、在俗会、協力者会を創立。社会的コミュニケーション手段による福音宣教に生涯をささげた。

P39 演奏家のこころ／柳家小三治（やなぎや　こさんじ）：1939 年～　落語家

― 名言†自己 ―

P40 佐野元春（さの　もとはる）：1956 年～　ロックミュージシャン、作詞・作曲家

P40 小出裕章（こいで　ひろあき）：1949 年～　工学者　京都大学原子炉実験所助教

P40 ラモス・瑠偉（らもす・るい）：1957 年～　元サッカー選手、指導者

P41 吉川英治（よしかわ　えいじ）：1892 ～ 1962 年　小説家

P41 ゲーテ：1749 ～ 1832 年　ドイツを代表する文豪、哲学者、法律家

P41 芭蕉（ばしょう）：1644 ～ 1694 年　俳諧師

P41 小泉八雲（こいずみ　やくも）：1850 ～ 1904 年　小説家、日本研究家、1896 年に帰化

P42 あしあと／マーガレット・F・パワーズ著：財団法人　太平洋放送協会発行『あしあと』から転載

P44 やさしさや女らしさ／丸岡秀子（まるおか　ひでこ）：1903 ～ 1990 年　社会評論家　教育、女性問題にも取り組む。

3章 §いのち

P46 病気になったら／晴佐久昌英（はれさく　まさひで）：1957 年～　カトリック司祭

P51 病まなければ／作者不詳

P52 手／山村暮鳥（やまむら　ぼちょう）：1884 ～ 1924 年　詩人、児童文学者

P54 一椀の大根おろし／東條耿一（とうじょう　こういち）：1912 ～ 1942 年　詩人　『いのちの歌』（新教出版社）に信仰と闘病生活をしるす。

P55 希望と愛が支え／在宅介護者

― 名言†生きる ―

P56 八木重吉（やぎ　じゅうきち）：1898 ～ 1927 年　詩人

P56 ヘレン・ケラー：1880 ～ 1968 年　社会福祉事業家

P56 グェン・ヴァン・トゥアン枢機卿：1928 ～ 2002 年　ベトナムの聖職者

P56 塩月弥栄子（しおつき　やえこ）：1918 年～　茶道家、裏千家的伝名誉教授

P57 尾田栄一郎（おだ　えいいちろう）：1975 年～　少年漫画家

人物紹介

1章 § こころ

P12 **水のこころ／高田敏子**（たかだ　としこ）：1914 ～ 1989 年　詩人

P13 **日が照ってなくても／作者不詳**

P14 **しおん／星野富弘**（ほしの　とみひろ）：1946 年～　詩人、画家

P15 **明日は明日／聖書**（マタイ６・28 -30、34）

― 名言†喜び ―

P16 **ドストエフスキー**：1821 ～ 1881 年　作家

P16 **糸井重里**（いとい　しげさと）：1948 年～　コピーライター　webサイト「ほぼ日刊イトイ新聞」主宰

P16 **イサク・ウォルトン**：『祈りと思いをこめて』（女子パウロ会）より

P17 **聖書**（Ｉテサロニケ５・16-18）

P17 **デール・カーネギー**：1888 ～ 1955 年　実業家、作家

P17 **青木チエ**（あおき　ちえ）：プロゴルファー青木功夫人

P17 **ダグ・ハマーショルド**：1905 ～ 1961 年　第２代国連事務総長

P18 **笑顔こそ／水谷孝次**（みずたに　こうじ）：1951 年～　アートディレクター

― 名言†涙 ―

P20 **ヴィクトール・フランクル**：1905 ～ 1997 年　精神科医　『夜と霧』著者

P20 **谷川浩司**（たにがわ　こうじ）：1962 年～　将棋の棋士　九段

P21 **ホピ族**：アメリカ・インディアンの一族

P21 **坂本龍馬**（さかもと　りょうま）：1836 ～ 1867 年　近世末期の土佐藩武士

P21 **羽生善治**（はぶ　よしはる）：1970 年～　将棋の棋士　二冠

P21 **チャップリン**：1889 ～ 1977 年　映画俳優、監督、脚本家

P22 **カルロの苦悩／アルトゥール・シュニッツラー**：1862 ～ 1931 年　作家

P23 **なみだいけ／内田麟太郎**（うちだ　りんたろう）：1941 年～　詩人、童話作家

P25 **愛は家庭から／マザー・テレサ**：1910 ～ 1997 年　修道女　神の愛の宣教者会を創立、貧しい人への奉仕に献身。ノーベル平和賞受賞

― 名言†愛 ―

P26 **アベ・ピエール**：1912 ～ 2007 年　司祭　貧しい人々への奉仕に献身

P26 **日野原重明**（ひのはら　しげあき）：1911 年～　聖路加国際病院名誉院長

P26 **セーレン・キェルケゴール**：1813 ～ 1855 年　デンマークの哲学者

P26 **オードリー・ヘップバーン**：1929 ～ 1993 年　女優

P27 **聖書**（ヨハネ 15・12-13）

P27 **テゼ共同体**：キリスト教の教派を超えた、修道士からなる男子の観想修道会

P27 **ポルティア・アダムス**：『愛をこめてあなたに』（女子パウロ会）より

P28 **祝婚歌／吉野　弘**（よしの　ひろし）：1926 年～　詩人

ブックデザイン　森　木の実
カバーのペーパーマケット
本文イラスト　鎌田恵務

詞華集　日だまりに

編　者　女子パウロ会
発行所　女子パウロ会
代表者　三嶋邇子
〒107-0052 東京都港区赤坂 8-12-42
TEL.(03)3479-3943　FAX.(03)3479-3944
webサイト　http://www.pauline.or.jp
印刷所　株式会社工友会印刷所
初版発行　2012年2月28日

ISBN978-4-7896-0710-0 C0092　NDC 911　P104　19cm

JASRAC　出 1116694-101